HAPPY BIRTHDAY
60

Für:

Mit **Attest** zum Feiern!

Michael Kernbach wurde 1965 im Zeichen des Skorpions in Trier geboren. Er begann seine Karriere in den 1990er-Jahren als Miterfinder und Masterminder von Guildo Horn. Außerdem ist Kernbach als Comedyautor für verschiedene Verlage sowie Hörfunk-, Tonträger- und TV-Formate im Einsatz. Bei Lappan erscheint seine erfolgreiche Humor-Reihe „Geschafft". Kernbach hält sich im Übrigen für die Reinkarnation von Helmut Schön und trägt darum in seiner Freizeit gerne Schiebermützen.

Ari Plikat wird 1958 in Lüdenscheid geboren, nach der Ausbildung zum Grafiker studiert er Visuelle Kommunikation in Leeds und Dortmund, wo er seitdem freiberuflich als Illustrator und Cartoonist arbeitet. Seine Cartoons erscheinen u.a. in *Titanic, taz, Zitty, Pardon, Eulenspiegel, iTALien.* Mehr zu Ari Plikat unter *www.ariplikat.de.*

Wir produzieren nachhaltig
- Klimaneutrales Produkt
- Papiere aus nachhaltigen und kontrollierten Quellen
- Hergestellt in Europa

FSC www.fsc.org MIX Papier | Fördert gute Waldnutzung FSC® C002795

1. Auflage 2023
– Originalausgabe –

ISBN 978-3-8303-4550-3

Text: Michael Kernbach
Illustrationen: Ari Plikat
Lektorat: Olena Klejman, Jana Legal
Herstellung | Gestaltung: Ulrike Boekhoff | Monika Swirski
Covergestaltung: Ulrike Boekhoff

FOLGT UNS! facebook.com/lappanverlag
Instagram.com/lappanverlag
www.lappan.de
www.lappankalender.de

Michael Kernbach

DIAGNOSE 60

Mit Illustrationen von Ari Plikat

LAPPAN

INHALT

SELBSTTEST:

DIAGNOSE 60 – DAS **VERDRÄNGTE** VOLKSLEIDEN

60! *Eine deftige Diagnose, die es erst mal zu verdauen gilt. Ärzte, Familie, Kollegen, alle haben Sie davor gewarnt, und es ist Teil der Symptomatik dieser tückischen, sich schleichend entwickelnden und blitzartig über Nacht eintretenden Volkskrankheit, dass gerade die Risikogruppe 50+++ erste Warnzeichen leichtfertig ignoriert.*
*Der Eintritt von 60, gerne auch bekannt als **Long Senex,** scheint vielen zunächst nur eine weitere Malaise unter den ständig neu eintretenden Gebrechen zu sein. Doch 60 als Eintritt in das **Alter** ist eine unheilbare, chronische Beeinträchtigung, die Sie mitunter noch 30 und mehr Jahre begleiten wird und gefühlt zombiefilmartige Zustände annehmen kann. Eine irreversible Veränderung, der es sich zu stellen gilt! Wie viel 60 trage ich schon in mir?*

MACHEN SIE DEN **SELBSTTEST:**

Was darf beim Frühstück nicht fehlen?

A. Kaffee, Kurzer, *BILD*.

B. Das Tablettenkarussell.

C. Post vom Anwalt. Böse E-Mails.
Ein weinender Nachbar oder Enkel.

D. Wer will das wissen? Annegret? Bist du das?

Was sind Ihre nächsten großen Ziele?

A. Mehr als drei Halbe bis Mittag, ohne einzuschlafen.

B. Bis zum *Bergdoktor* ZDF gucken, ohne einzuschlafen.

C. Wach bleiben, ohne einzuschlafen.
Wenig Schlaf fördert das Aggressionspotenzial.

D. Was ist das hier für ein Rätselheft? Annegret!

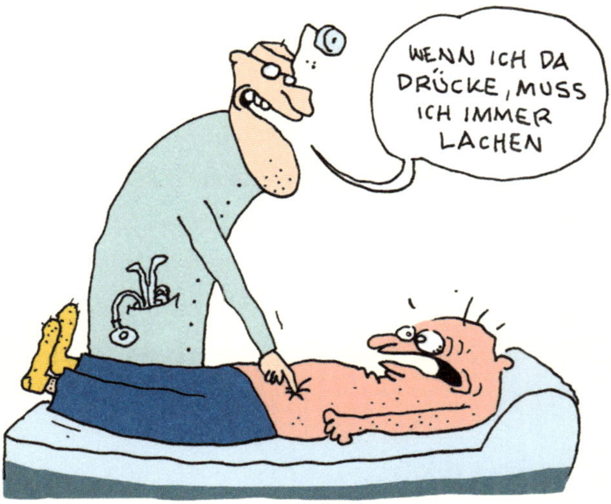

Welche drei Wünsche möchten Sie sich gerne noch erfüllen?

A. Ein Bier, ein Bier, ein Bier.

B. Ein Mal dabei sein im „Fernsehgarten", so richtig im Publikum.

C. Erfülle ich mir täglich selbst, mit Testamentsänderungen.

D. Wünsche? Habe ich etwa Geburtstag? Oh ja, Annegret, ein Kuchen!

Wie empfinden Sie diese späte Phase Ihres Lebens?

A. Hä? Blau is' blau. Mit 20, 40, 146, egal.

B. Es ist alles erledigt. Das große Warten hat begonnen.

C. Schmerzhaft. Grausam. Ungerecht. Zumindest für alle, die mit mir zu tun haben!

D. Spät? Gar nicht! Es ist noch nicht Zeit fürs Sandmännchen! Und wer ist eigentlich diese Annegret, nach der ich dauernd rufe? Weißt du das, Karl-Heinz?

AUSWERTUNG:

Glückwunsch, egal wo Sie auf dieser Skala A–D gelandet sind, Ihre Diagnose lautet: **60!**

ARZTBRIEF

Patient: ....

DIAGNOSE 60

Gehen Sie es am besten sofort an. Eine Verjüngungskur hat noch niemandem geschadet!

AUCH EIN SCHLIMMER RÜCKEN KANN ENTZÜCKEN!

Die gute Nachricht gleich vorneweg:

Es hätte sehr viel schlimmer kommen können!

Mit dem Beginn von 60 tritt im Alterungsprozess gemeinhin eine Verlangsamung ein, die an vielen Stellen auch den Stillstand bisher fortschreitender körperlicher Symptomatiken nach sich zieht. Glatze, Bierbauch, Reiterhosen sind nun weitgehend vollständig ausgebildet und ändern sich fortan geringfügig oder gar nicht mehr. **Ihr Körper ist damit komplett ausgewachsen.** Eine innere Gelassenheit, manchmal auch als bipolare Störung im Wechsel mit Starrköpfigkeit und Streitsucht gepaart, ist ein weiteres maßgebliches Kennzeichen des 60er-Schubs, der hier und da auch fatalistische Züge annehmen kann. Im Grunde jedoch ist das überwiegende Gefühl von „Ihr könnt mich alle mal gernhaben“ tragend und wird als richtig und lebenswert wahrgenommen.

Grundsätzlich gilt, dass die weitverbreitete Ansicht, der Eintritt von 60 würde eine Art prämortalen Zustand einläuten, der vor allem Aasfresser (wie erbgeile Verwandtschaft) anlockt, eine völlig aus der Luft gegriffene Schimäre ist. Diese Wahrnehmung ist aus heutiger medizinischer Sicht grundfalsch!

Dieses Buch will und wird Ihnen helfen, das Wunder des Alterns richtig zu verstehen, einzuordnen und die damit verbundenen Veränderungen an Körper, Geist und Freizeitverhalten als das zu begreifen, was sie sind: **Eine Befreiung aus der Geiselhaft der Konventionen!**

Von der Pflicht, besonders schön, stark, schnell und erfolgreich zu sein, sind Sie hiermit offiziell und ärztlich befreit!

Geriatrie-Professor Dr. Plassebow zeigt Ihnen, wie Sie am besten mit Ihrer Diagnose umgehen (so viel sei vorweggenommen – Sie brauchen eine Menge Humor) und welche Chancen in einer mit so vielen unnötigen Vorurteilen behafteten Beeinträchtigung liegen. **Dieses Therapiebuch wird Ihnen helfen,** ein besseres, glücklicheres Leben zu führen, und Ihnen beweisen, wie viel Wahrheit in tradierten Lebensweisheiten wie „Je jünger, desto dümmer" beziehungsweise „Grau macht schlau" liegt. Meistens jedenfalls …

Mit der richtigen Haltung und ein paar Tricks und Kniffen können Sie die vielen schönen Seiten des Älterwerdens in vollen Zügen genießen. Oder möchten Sie ganz ernsthaft heutzutage noch jung sein? Mit dieser Musik und dieser Mode? Gott bewahre!

WAS IST MORBUS 60?

DIE **ERSTEN SYMPTOME**

Vielleicht ...

* ... verspüren Sie weniger Appetit als sonst **(Seniorenteller-Syndrom)**
* ... vergessen Sie häufiger zu trinken **(Kamelkrankheit)**
* ... geben Sie dem Blasendruck auch außerhalb dafür geeigneter Flächen nach
* ... schlafen Sie nur noch vor dem Fernseher
* ... schauen Sie nur noch zurück
* ... schmerzen die Füße nach starker Belastung wie Aufstehen oder Schuheanziehen

Hinzu kommen:

* Konzentrations- und Erinnerungsstörungen

* Ein verminderter körperlicher Antrieb
* Mangelnde oder nachlassende körperliche und geistige Leistungsfähigkeit
* Das Nachlassen von Libido

* Eine Verminderung der Gesamtmuskelmasse und damit einhergehend die Herabsetzung der Muskelkraft
* Die Veränderung der Körperproportionen und eine veränderte Verteilung des Körperfetts
* Neigung zu Durchblutungsstörungen
* Nachlassendes Seh- und Hörvermögen

Und das sogar schon dann, wenn Sie nur drei Nächte hintereinander erst nach Mitternacht zu Bett gegangen sind? Dann können Sie relativ sicher sein, sich mit 60 infiziert zu haben. Letzte Gewissheit gibt ein Blick in Ihren Ausweis. Sollten Ihre Geburtswerte identisch mit dem Tagesdatum sein und eine Divergenz in der Jahreszahl um den Faktor 60 aufweisen, ist auch der letzte Zweifel ausgeräumt:

Sie haben 60.
Na, herzlichen Glückwunsch auch!

WIE UND **WANN** GEHT'S LOS?

Die Diagnose 60 ist der Schlussstein einer chronisch verlaufenden Krankheitsgeschichte, die bei nahezu allen Betroffenen mit einem Ausbruch von **Morbus 50** exakt 10 Jahre vor dem erstmaligen Auftreten von 60 ihren Lauf nimmt. Feldversuche mit Stresstests, wie dem „Reinfeiern", haben dazu beigetragen, dass wir uns heute ein komplettes Bild von den gravierendsten Einschränkungen für den befallenen Organismus machen können.

Erstes Stadium (18:00–20:00 Uhr, am Vortag des Ausbruchs)

Die ersten Anzeichen einer 60-Jährigkeit sind von Patient zu Patient unterschiedlich, weil die Krankheit von verschiedenen Regionen des Gehirns ausgehen kann. Generell wird nun einer schon länger vorhandenen Neigung, gesellschaftliche Ereignisse früher in den Tag zu legen und mit Sendezeiten von Vorabendserien abzustimmen, schneller und umfassender nachgegeben.

Unterhaltungen werden als wenig erfüllend oder gar als langweilig wahrgenommen („alles schon tausendmal gehört"), auch Namen von Menschen, gerade geführte Gespräche oder der eben gefasste Gedanke sind einfach vergessen. Nichts scheint mehr einer ausreichenden Aufmerksamkeit wert.

Demgegenüber bleiben Erinnerungen aus früheren Tagen und speziell aus der Kindheit noch lange erhalten **(biografisches Altgedächtnis)**, einer Welt, die durchweg als lebenswerter und besser empfunden, immer häufiger aufgesucht und immer weniger gern verlassen wird. Auch wenn von den Betroffenen oft Weltoffenheit und Interesse sogar durchaus glaubwürdig vorgetäuscht werden, lösen Vergleiche mit der eigenen, aktuellen Situation und der Verfasstheit der Welt im Jetzt und in toto schnell Schübe von unkontrollierter Aggressivität aus. Verbale, ja manchmal sogar physische Gewalt gegen alles Nicht-60-Jährige entlädt sich oft ungebremst und findet auch kein Ende, wenn der so agierende Patient aus der Gruppe isoliert und in einen **Fernsehsessel mit Massagefunktion** gesetzt wird. Lediglich das zusätzliche Einschalten von Lieblingsserien kann den Ausbruch eindämmen.

Zweites Stadium (20:00–22:00 Uhr, am Vortag des Ausbruchs)

Die Ausdehnung gesellschaftlicher Verpflichtungen in den Abend hinein bedeutet für den angehenden 60er oft enormen Stress. Viele **wichtige Tagesrituale – vom Kreuzworträtsel bis zum Nachmittagsschlaf –** konnten nicht vollzogen werden. Eine Krise, die oft mit heroischer Haltung überspielt wird. Typisch für diesen Kipppunkt sind übertriebenes Gähnen, eine schmerzbetonte Körperhaltung, oft mit Bewegungsunsicherheiten verbunden, oder auch demonstrative Blicke zur Uhr.

Ist die Gesellschaft so nicht aufzulösen, kann das fatale Folgen haben und einen völlig unkontrollierbaren Verlauf nehmen.

Der ohnehin schon durch 60 eingeschränkte und geschwächte Patient gibt der fatalistischen Neigung nach, **ein „Schlückchen" zu trinken.** Beklatscht von der nichtsahnenden Besuchsgruppe, setzt sich der 60-Indizierte der Wirkung von Alkohol aus. Einem Nervengift, dem der Patient oft nicht mehr gewachsen ist. Schon nach wenigen Gläsern treten die ersten Ausfallerscheinungen auf. Häufig wird das Getränk erst an den Kopf geschüttet und dann erst der Mund geöffnet. **Gedächtnisprobleme** treten bei beiden Geschlechtern mehr und mehr in den Vordergrund. Lebensgefährten, Kinder, sogar die Kumpels werden nicht mehr erkannt. Das **Urteilsvermögen** der Patienten ist beeinträchtigt. Bei einigen Betroffenen führen selbst geringste Mengen Alkohol zu halluzinogenen

Erlebnissen. Die Selbstwahrnehmung ist eingetrübt. **Man fühlt sich attraktiv und sexuell anziehend und trägt dies offensiv zur Schau.** Mitunter wird versucht, weitaus jüngere Teilnehmende in einen **Balztanz** zu verwickeln. Viele stabile und über Jahrzehnte mit Mühe und Umsicht aufgebaute Reputationen sind solch einem akuten Schub von 60 schon zum Opfer gefallen.

Drittes Stadium (22:00–0:00 Uhr, am Vortag des Ausbruchs)

Das Erreichen der Demarkationslinie um 0:00 Uhr ist oft ein bedrückendes Ereignis. Besonders für die Gratulanten. In diesem Stadium sind die nun nicht nur alkoholisierten, sondern durch den Schlafentzug nach 22:00 Uhr hochgradig destabilisierten **Morbus-60-Patienten** vollkommen hilflos. Die Aufnahmefähigkeit ist stark eingeschränkt, das nun erklingende **Geburtstagsständchen** kann nicht mehr zugeordnet werden. Oft singen die Betroffenen lauthals mit, ohne zu merken, dass die Gratulation ihnen gilt. Die Patienten neigen in diesem Stadium zu **starken emotionalen Ausbrüchen und Endzeitfantasien.** Das eigene Ableben wird thematisiert, zeitnah vorausgesagt und massiv beklagt.

Sind die letzten Gäste gegangen, versuchen die Patienten, sich mit dem Lösen mehrerer Kreuzworträtsel und dem Lesen des Teletextes wieder zu stabilisieren, oft leider ohne Erfolg.

Die Folge sind Krankmeldungen und Anträge auf Kuraufenthalte, die den Weg zum letzten Lebensziel, der vorzeitigen Rente ohne Abzüge, ebnen sollen.

60 IST DAS NEUE 60.

NEHMEN SIE ES, WIE ES KOMMT, ODER FRAGEN SIE IHREN **ARZT** ODER **APOTHEKER**

Spätestens mit der Diagnose 60, da beißt die Maus keinen Faden ab, ist die Lebensmitte endgültig überschritten (wenn nicht bald eine Pille erfunden wird, die das biologische Rad der Zeit zurückdrehen hilft). Eine Betriebsdauer von 6 Jahrzehnten geht auch an einem noch so gut gepflegten und gewarteten Organismus nicht spurlos vorbei.

Andererseits sind keine gravierenden und einschneidenden Änderungen gegenüber den letzten Monaten zu erwarten. Im Gegenteil. Alles geht nun einfach langsamer. Auch der körperliche Niedergang. Vieles, was sich in der Vorerkrankung **Morbus 50** bereits abzeichnete und entwickelte, manifestiert sich nun und kann so, wenngleich auch irreversibel, lange Zeit im Status quo gehalten werden. Eine beruhigende Erkenntnis, die darüber hinweghelfen mag, dass eine ganze Reihe von Lebensträumen nun definitiv nicht mehr zu erreichen sein werden. **Eine Zukunft als Profifußballer, Kunstturner oder Skispringer auf olympischem Niveau wie auch eine Karriere als Berufsboxer sind nun auszuschließen.** Das soll keinesfalls bedeuten, dass körperliche Aktivität nicht wichtig und richtig wäre. Das Wort „altersgerecht" bekommt hier jedoch einen neuen Stellenwert. Sportliche Wettbewerbe etwa fallen nicht mehr in diese Kategorie. Auch alltägliches kompetitives Verhalten, das sogenannte **„Mithaltenwollen"**, ist nun eine kontraproduktive Lebenshaltung, die für die nahezu utopische Aussicht auf einen kleinen Erfolg wie „schneller als die anderen die Straße überqueren" oder „auch mit beiden Einkaufstaschen in den 2. Stock steigen" oft einen hohen und schmerzhaften Preis einfordert.

Vermeiden Sie unter allen Umständen jeden Versuch, „mithalten zu wollen". Für wettbewerbstaugliche Vergleiche mit anderen eignen sich nun ausschließlich Blutwerte, Therapiedauer und Dosierung von Wirkstoffen in Medikamenten!

Auch wenn Leistung mit der **Diagnose 60** keinen Blumentopf mehr wert zu sein scheint, darf es Sie nicht dazu verführen, rein gar nichts mehr zu tun. Die bereits vorhandenen körperlichen Verschleißsignale werden durch eine Geisteshaltung wie „Der Lack ist ab" und „Wozu der ganze Hassel" unnötig getriggert und können eine fatale

Eigendynamik entwickeln. Es gehört zu den Ungerechtigkeiten des Lebens, dass die 60er-Symptomatik mit dem energetischen Paradoxon einhergeht, dass man **für halbierte Essensportionen doppelt so viel Bewegung** aufbringen muss wie früher, um die aufgenommenen Kalorien zu verbrauchen. Eine evolutionäre Fehlprogrammierung. Auch wenn die Verlockung, morgens einfach liegen zu bleiben oder maximal bis zur Couch weiterzurobben, noch so groß und süß sein mag, dürfen Sie ihr nicht nachgeben!

Hören Sie unter keinen Umständen auf Ihren Körper. Sie können nach wie vor problemlos aufstehen, sich waschen und sogar leichtes Reha-Training wie „Anziehen" absolvieren.

60 IM ALLTAG

SCHLAG DEN TAG – **DIE 24/7-CHALLENGE**

„ALLTAG MEISTERN“

Auch wenn Leistungssport im konventionellen Sinne keine echte Option mehr für den **Morbus-60er** ist, tun sich im Alltag nun Challenges auf, die man früher kaum beachtet hat und nun als Herausforderung und Aufgabe wahrnehmen kann und soll. Das Credo eines kontrollierten Verlaufs von 60 kann, soll, nein, es muss lauten: **„Ich komme ja noch immer allein aus meinem Zimmer.“** Ein Langzeitprojekt, in das sich jetzt einzusteigen lohnt, um auf spätere Herausforderungen wie eine „Nix-geht-mehr-Krise“ mit dem Eintritt von 90 vorbreitet zu sein. Entgegen der bereits hinter dem Patienten liegenden 50er-Krankheitsstrecke ist das **Annehmen von Hilfe** nun kein Zeichen von Schwäche mehr, sondern gesellschaftlich sanktioniert und ausdrücklich gewünscht. Eine ganze Industrie, namentlich die Sanitätshäuser, hält eine erstaunliche Palette von spannenden Alltagsprodukten bereit, deren Sinn oft nicht klar erkennbar

scheint, deren Gebrauch jedoch eine klare Botschaft an die Mitmenschen sendet: „Mach du mal was für mich, du faule S**."

Denn: Eingeschränkt, geschwächt, kaum noch leistungsfähig ab 60, das ist natürlich Humbug und medizinisch betrachtet Nonsens!

Es ist für den **60er-Morbus** vielmehr eine soziale Pflicht, durch das Zulassen von Hilfe die nachfolgenden Generationen auf die Lasten vorzubereiten, die zu stemmen Sie einfach auch keinen Bock mehr haben.

EINSCHRÄNKUNGEN FÜR EINSTEIGER

WAS SIE NUN **LASSEN** KÖNNEN, AUCH WENN SIE ES NOCH **LASTEN** KÖNNEN:

Getränkekisten schleppen. Die Kiste Krombacher gehört nun nur noch in den Bauch und nicht mehr in den Rücken. Selbst wenn Sie weiterhin ausreichend Kraftsport betreiben und Ihr Personal Coach mit Ihren Intervallleistungen durchaus zufrieden ist, hat das Kistenschleppen in Ihrem Bewegungsmix keinen Platz mehr. Eine Kiste schleppen ist eine plumpe und würdelose Dienstleistung, die Sie nun als weiser Greis nicht mehr leisten dürfen. Die Würde des Alters veträgt sich nicht mit klirrenden Flaschen im Treppenhaus!

Stehen. Eine erniedrigende Körperhaltung. Gemacht für das Kroppzeug, dem Sie nun unter wüsten Beschimpfungen in Bus und Bahn den Platz abnehmen können und sich dafür auch noch der Zustimmung und Anerkennung der Mitreisenden sicher sein dürfen.

Treppensteigen. Ärztliche Empfehlungen, mehr Treppen zu steigen, sind mit der Inzidenz 60 mit Vorsicht zu genießen. Ein kommerzieller Hintergrund, nämlich die Spekulation auf eine Hüft-OP aufgrund des so befeuerten Verschleißes, kann leider nicht ausgeschlossen werden. Nutzen Sie zukünftig die Fahrstühle, auch für Fahrten ins nächste Zwischenstockwerk, oder finden Sie in Ihrer näheren Verwandtschaft erbinteressierte Familienmitglieder, die Sie gerne huckepack in die höheren Etagen bringen.

Ein Blick auf die **Genese des Syndroms 60 in der Entwicklung der Menschheit** hilft den davon Betroffenen oft, ihre neue Rolle – vor allem auch im Sozialgefüge – besser zu verstehen und einzunehmen und so den Verlauf von 60 günstig zu beeinflussen.

Durch einen Reflex ausgebildet in grauer Urzeit, um das eigene Überleben im Rudel zu sichern, neigen Menschen mit dem Eintritt von 60 bis heute dazu, die eigene Stellung in der Gruppe stark zu überhöhen.

Ein Verhalten, das evolutionär nach wie vor evident und von großer Bedeutung für die eigene Vitalitätsprognose ist. Weil Qualitäten wie „Schnelligkeit" und „Stärke" gerade ab 60 absehbar nachlassen, haben unsere Vorfahren glanzvolle Begriffe wie **„Weisheit", „Lebensleistung" oder „Ehrfurcht"** eingeführt und sich durch Zusammenschlüsse zu Gruppen wie dem „Ältestenrat" Hochachtung, Nahrung und Schutz von den jüngeren Rudelmitgliedern gesichert, um in einer im Alter zunehmend lebensfeindlichen Umgebung durchzukommen. Dieses Verhalten ist tief in unserer DNA implementiert und hat sich modernen Bedürfnissen lediglich angepasst.

Die Bereitstellung von **Bring- und Abholdiensten** für die 60-Befallenen durch jüngere Rudelmitglieder – „weil man das so macht" – sowie das Zulassen von zum Teil anachronistischen Entscheidungen in Politik und Geschäftsführungen aus „Vertrauen in die Erfahrung" heraus, all das sind ebenso fatale wie faszinierende Zeitzeugnisse. Sie folgen einer evolutionären Logik, die in den Anfängen der menschlichen Entwicklung und der Schonung von Sehnen, Muskeln und Gelenken der alten Rudelmitglieder begründet liegen. Eine biologische Programmierung, die

durch die Möglichkeiten der heutigen Medizin völlig neue Horizonte bei der körperlichen Verfassung ab **Morbus 60** über die nächsten Jahrzehnte erschließt!

Die Schonung von heute ist Teil Ihrer Agilität von morgen!

PRAXISTEIL

ERSTE **DOs** AND **DON'Ts** **IM ALLTAG!**

Die Sache scheint klar, auch wenn die **Diagnose 60** gesellschaftlich als weiterer und auch gravierender Schritt eines chronischen, nicht heilbaren Zerfallsprozesses mit Namen „Altern" wahrgenommen wird, kommt es bei den meisten Betroffenen zu einem äußerst milden Krankheitsverlauf. Absurd, aber empirisch belegt: Während das Simulieren von Symptomen bei allen anderen Erkrankungen als Hypochondrie geächtet ist, wird dieses **Vorgeben von Malaisen beim 60er-Morbus ausdrücklich gewünscht.** Denn obwohl dieser Aspekt des Erreichens des 7. Lebensjahrzehnts noch völlig unerforscht ist, zeigt die gelebte Praxis eindeutig den Wunsch jedes menschlichen Rudels nach Belegen, die die kollektiven Prognosen zu 60, also Vergesslichkeit, Hinfälligkeit, rasanter körperlicher Verfall, verifizieren. **Eine Erwartungshaltung der Gruppe, die viele Neu-60er bereits aus der Vorentwicklung 50+ kennen, die aber nun eine neue Qualität bekommt.** Eine normale, vitale Teilhabe am Leben wird nicht nur nicht mehr erwartet, sie stößt im Gegenteil auf Unverständnis und kann dazu führen, dass man sich von Ihnen distanziert.

„So benimmt man sich doch nicht mehr in dem Alter, hat er/sie/es mal in den Pass geschaut?" ist ein Indikator dafür, dass Ihr gewohnter und oft seit Jahrzehnten praktizierter Lebensstil als nicht mehr altersgerecht aufgefasst wird.

Die Balance zwischen den eigenen, tatsächlichen Fähigkeiten und den Erwartungshaltungen der Öffentlichkeit zu finden, ist ein zeitaufwendiger, aber unterm Strich lohnender Prozess. Viele 60er haben durch rechtzeitiges angepasstes Verhalten immense Vorteile und Freiheiten gewonnen und gleichzeitig ihren sozialen Platz gesichert. Das Einüben neuer Verhaltensweisen kann zudem den Alltag auflockern und neue Perspektiven öffnen.

DREI LEICHTE DOs FÜR DIE ERSTEN 60 TAGE IM ALLTAG

1. Wear Casuals

An Anzügen oder Businesskostümen für die Allgemeinheit gibt es grundsätzlich nichts auszusetzen. Und es erscheint nicht richtig, diese Gattung Kleidungsstück in toto zu verteufeln. Die Frage nach Kleidung mit der **Diagnose 60** ist vielmehr eine nahezu philosophische. Ist nicht schon viel mehr als das Nötige getan und oft mehr, als erwartet wird, wenn man sich überhaupt noch täglich anzieht? Wer ist, aus der Tiefe der gesammelten Lebenserfahrung betrachtet, das bessere Role Model für eine zufriedene Zukunft und einen milden Verlauf? Alkoholsüchtige Serienkiller wie ein James Bond, nur weil der einen schicken Anzug trägt? Oder seine magersüchtigen Gespielinnen in den viel zu engen Kleidchen etwa? Das darf nicht Ihr Ziel sein. Es ist zutiefst untherapeutisch! **Suchen Sie sich neue Vorbilder, wie etwa Meister Yoda aus „Star Wars“,** der ja gewandet ist in eine Art intergalaktischen Hausanzug und es damit trotzdem bis nach Hollywood geschafft hat! Kleidung, insbesondere figurbetonte oder schwer zu schließende, erfüllt keinen Sinn mehr.

Wenn es für einen Morbus-60er einen passenden Anzug gibt, dann ist der aus Frottee oder Seide und heißt: Schlafanzug!

2. An der Kasse mit Kleingeld zahlen

Ist das Bezahlen mit Bargeld schon für sich genommen ein Anachronismus, toppt die Methode, den Betrag „passend" mit dem entsprechenden Kleingeld auszugleichen, dieses tradierte Gebaren mühelos. Im Fall einer **Diagnose 60** ist das jedoch zweitrangig.

Hier zählt das Ritual. Die so von Ihnen durch das kleinteilige Zählen von Münzen eingeforderte Zeit manifestiert Ihren Platz im Anthropoi.

Denn natürlich wäre es für die viel Jüngeren, an der Kasse Wartenden ein Leichtes, Sie einfach zur Seite zu schieben oder in einem Einkaufswagen ins Kühlhaus zu karren. Diese Form der Übergriffigkeit ist jedoch gesellschaftlich geächtet, und das Bezahlen von Ware im Supermarkt mit Kleingeld, am besten zur Mittagszeit oder kurz nach Feierabend, eine Erinnerung an, vielleicht sogar eine Erneuerung dieser Übereinkunft. Eine Aufgabe, wie sie in der Antike den Hohepriestern zufiel und nun **Ihr Beitrag zu einem funktionierenden Sozialgefüge ist. Böse Blicke hin oder her!**

3. Lebensweisheit weitergeben

Empirische Sozialforschungen zeigen vor allem eines: **Ab 60 sieht man besser!** Nicht im visuellen, sondern mehr im gesellschaftlichen Sinne. Hier tritt eine schon in den Spätschüben von 50 gemachte Beobachtung immer deutlicher zutage. Überall passieren Fehler, und die schlimmsten sind die, bei denen man tatenlos zuschauen muss. **Rückschau**, ein bei von 60 betroffenen Menschen oft zu beobachtendes Symptom, wirft bei vielen Indizierten folgende Frage auf:

Wozu hat man sich ein Leben lang die Finger verbrannt, um Kopf und Kragen geredet und vorschnell Entscheidungen getroffen? Um nun mit den Lehren aus diesen Fehlern zuzusehen, wie die nachfolgenden Generationen denselben Mist verbocken? Wo bitte ist da der evolutionäre Sinn?

Um hier nicht durch zwanghaftes Einhalten mittelfristig zu erkranken, gilt es, den Mund aufzumachen und Lebensweisheit weiterzugeben. Diese Einlassungen sind wichtig im Sinne des großen, gemeinsamen Miteinanders.

Was soll schon falsch daran sein, wenn man es eben besser weiß? Und zwar immer.

Bei jeder Gelegenheit. Politik, Sport, Erziehung, Rotweinflecken auf dem Leinenhemd. Sie wissen halt Bescheid. Durchaus kein leichtes Schicksal, denn das macht einen ja nicht in jedermanns Augen sympathischer. Aber darauf darf man keine Rücksicht nehmen, wenn es um die Sache geht. Wissen Sie es besser, es ist besser so!

DREI LEICHTE DON'Ts FÜR DEN „NEUEN ALLTAG" AB 60

1. Verzichten

Mancher, den der **Morbus 60** über Nacht befällt, stellt sich nun im Stillen schwere, endgültige Fragen. Gibt es ein Paradies? Werde ich dort dereinst einkehren, oder kann ich auf den vielen letzten Metern noch entscheidend auf mein Karma einwirken, auf dass ich nicht als Sumpfotter oder Nacktmull wiederkehren muss? Verzicht und Askese sind die gängigen Mittel der Wahl, die dem durchschnittlichen Europäer einfallen, um das jenseitige Nachspiel noch im Hier und Jetzt günstig zu beeinflussen. Aber mal ehrlich, was soll das für ein Paradies sein, in dem Mangel und Entsagung die Türpolitik am Einlass bestimmen? Weil ohnehin niemand wirklich weiß, welche der zahlreichen Reisebeschreibungen ins Jenseits die wirklich richtige ist, lohnt sich sicher der Mut zum Experiment. Setzen Sie auf Typen wie den antiken Gott Bacchus und seine wirklich krassen Riten. Oder gestalten Sie Ihr Leben als Bootcamp für Odins Tafel.

Dort wird man mit Wassertrinkern und Salatessern nicht viel anfangen können. Sparen Sie zukünftig am Verzicht. Rauchen aufgegeben für die Klassenfahrten der Kinder, jahrelanger Stammtischstopp für die Raten des Eigenheims und, stattdessen, 3-Euro-Wein am Abend für den Neuwagen. **Eine Tour de Torture des Sparens und der Einschränkung. Das war einmal.** Es ist die Bordeaux-Zeit des Lebens, ab 1er Crux aufwärts!

GUTER WEIN GEHÖRT NUN MAL IN ALTE SCHLÄUCHE!

2. Heiraten

Als Folge des Kapitalismus schuf eine durch Imperien wie Disney propagierte Neoromantik ein **Zerrbild der Heirat als Hafen der Glückseligkeit, in dem Liebe, Friede, Freude und manchmal sogar Eierkuchen** wohnen. Wenn man Glück hat. Leider hat sich diese Erwartung für viele nicht völlig erfüllt. Nicht nur mangels Eierkuchen. Auch nervige Schwiegereltern, zickige Freundinnen und hirntote Kumpels haben das Ihre dazu beigetragen, das romantische Bild von der glücklichen Zweisamkeit komplett zu ramponieren. Darum muss für einen **60er-Morbus** gelten: Was auch immer Ihr aktueller Beziehungsstatus sein mag, verlassen Sie ihn besser nicht. Eine neue Ehe wird kaum besser als die Ihnen bekannten oder gar erlebten Vorläufer. Und wer sich bis hierhin gut allein durchgeschlagen hat, braucht doch nun keinen Klotz am Bein mehr.

Sollte es hier trotzdem den Wunsch nach Anschaffung geben, dann gilt als **Faustregel: Nehmen Sie was Gebrauchtes. Denn alt werden sie von selbst!**

3. Erziehen

Gut gemeint ist leider noch lange nicht gut gemacht. Eine Erkenntnis, die in vielen von uns schon mit **Morbus 50** einsetzt und sich mit jedem Jahr mehr bewahrheitet. Auf keinem Feld der zwischenmenschlichen Beziehungen manifestiert sich der wahre Kern dieses Axioms deutlicher als auf dem der Erziehung. **Wie viel Energie man selbst in Wertevermittlung, Wegweisung und Anleitung investiert hat** und wie überschaubar oftmals die Ergebnisse heute im Rückblick sind. Gerade da, wo eigene Kinder im Spiel sind, ist die Enttäuschung oft groß. Sitzen bleiben, kiffen, falsche Freunde, das haben Sie den Blagen doch nicht beigebracht. Schuldgefühle sind dem Gesamtzustand des 60ers ohnehin nicht zuträglich. Lernen Sie darum hier entstehende negative Gefühle zu kanalisieren. Süßwaren können dabei eine entscheidende Rolle spielen.

Diagnose-60-Tipp: *Torte, Schokoriegel und selbst gebackene Kekse sind die Waffen, die Ihnen nun zur seelischen Reinigung zur Verfügung stehen. Torpedieren Sie damit die makrobiotische Ernährungsweise Ihrer Enkel, und zeigen Sie den eigenen Kindern, wie schmerzhaft es ist, wenn Erziehung vor den eigenen Augen zertrümmert wird. Es ist wichtig für Ihr seelisches Gleichgewicht!*

60 IM BERUF

MACHT **KAPUTT**, WAS EUCH KAPUTT MACHT. **EXIT-STRATEGIEN** KONSEQUENT LEBEN UND UMSETZEN

Auch wenn das Narrativ der Politik und der Rentenkassen ein anderes sein mag:

Medizinisch betrachtet ist Erwerbsarbeit mit dem Einsetzen von 60 nicht mehr zu verantworten!

Ob Herstellung, Administration oder Leitung, an keiner Stelle der Arbeitswelt bleibt in Zukunft ein Stein auf dem anderen. Dieser stetige und immer schneller werdende Wandel kann und will nicht zu einer Einschränkung wie 60 passen, die konservativ ausgeprägt ist und durch welche die Betroffenen allen Neuerungen skeptisch oder gar ablehnend gegenüberstehen. **Wo frühere Generationen dem 60er-Morbus das Gnadenbrot einer Stelle in der Registratur, im Postausgang oder im Aufsichtsrat gewährten, tobt heute der Kampf Mensch gegen Maschine.**

Ein Wettbewerb mit KI und Robotern, in dem auch die Jüngeren schon auf einem verlorenen Posten stehen. Eine solche, von vorneherein verlorene Schlacht lohnt es nicht zu kämpfen. Im Gegenteil, der Versuch kann schmerzhafte Folgen haben. Abmahnungen, Versetzungen, gar Kündigungen drohen und sind von vielen Arbeitgebern sogar gewollt. Wo aber so unterschiedliche Kräfte walten, entsteht naturgemäß ein Hintertürchen. Ein Ventil, durch das der Überdruck von Anspruch und Wirklichkeit mit 60 entweichen kann. Diese Hintertür heißt „**Arbeitsunfähigkeit**" und lockt mit einer Rente wegen voller Erwerbsminderung, wenn Sie aufgrund einer Krankheit oder Behinderung weniger als drei Stunden täglich arbeiten können. Und zwar nicht nur in Ihrer, sondern in allen Tätigkeiten. Auch wenn Sie sich weiter fit und gesund fühlen, Ihre bisherigen Vorsorgeuntersuchungen alle einwandfrei waren und es keine Einschränkungen außer 60 zu beklagen gibt, ist es nun an der Zeit, **bei der Suche nach einer geeigneten Exit-Strategie in die Rente auch den Ausgang „Gesundheit" zu beleuchten.** Das klingt nach Betrug? Betrug ist die Diskrepanz der Versprechen der Politik zu Rentenbezügen und Arbeitsaustrittsalter der letzten Jahrzehnte und der realen Lieferung.

Wo Lug und Trug die Regeln schreiben,
muss man nicht der Saubere bleiben!

Wo geht es hier zum Ruhestand?
DER TEST!

Wie lange wollen Sie noch regelmäßig und ganztägig arbeiten?

A. Bis zu meinem 75. Lebensjahr. Mindestens. Eine dann folgende Rente in Höhe von 30 % meiner Bezüge scheint mir völlig angemessen. Ich kann ja schon mal in meinen Sarg ziehen und so auch helfen, das Wohnungsproblem zu lindern.

B. Also, Arbeit will man das ja nicht nennen. Zeitverschwendung eher. Das halte ich noch eine Weile durch, wobei … mein Rücken …

C. Es ist keine Arbeit. Es ist eine Bestimmung. Beruf kommt von Berufung!

D. Arbeiten? Ich? Wie soll das gehen? Mein Cholesterin ist hoch wie der Mount Everest. Mein Blutzucker ist olympisch. Meine Verspannungen erinnern an den Kalten Krieg!

Als kleine Geburtstagsüberraschung bietet man Ihnen zwei Jahresgehälter für die Vertragsauflösung. Was tun Sie?

A. Ich nehme nur ein Jahresgehalt und heure dann für die gleiche Arbeit zu einem deutlich schlechteren Tarif an, um unsere heimische Wirtschaft zu stützen.

B. Okay, kurz rechnen. Ich spreche mit dem Betriebsrat, halte alle Fristen zu einer Verlängerung der Angebotsfristen ein, bis ich 66 bin, dann nehme ich den Schotter. Danke und auf Wiedersehen!

C. Ich danke „dem großen und gütigen Arbeitgeber", lehne das Geld ab, gehe dennoch und setze mich in einem Wald unter einen Baum zum Sterben.

D. Was? Zwei Jahresgehälter? Davon kann ich nicht einmal die Zuzahlungen für die Physiotherapiestunden der nächsten sechs Monate tragen! Menschenschinder!

Der Amtsarzt bietet Ihnen an, Sie dauerhaft arbeitsunfähig zu schreiben. Kostenpunkt 10.000 €. Wie verhalten Sie sich?

A. Das ist Betrug! Bestechung im Amt, das kann passieren. Wir sind alle nur Menschen. Aber der Betrug an den Sozial- und Rentenkassen, den kann man nicht durchgehen lassen. Das reicht für eine Dienstaufsichtsbeschwerde!

B. 10k? Ich biete 5k für den Schein, dafür lösche ich das Video auf meinem Handy, das ich von unserem Gespräch gemacht habe.

C. Wenn es meiner Firma hilft, zahle ich und begehe dann aus Scham einen rituellen Selbstmord.

D. 10 Mille für eine Diagnose, die ich bereits von drei Unikliniken aus Albanien, Tschad und Malawi bekommen habe? Und die Z U S A M M E N nur 2,5 Mille gekostet haben? Typisch deutsches Gesundheitswesen. Nur Abzocke!

AUSWERTUNG:

A. Das ist ein Thema, bei dem Beamte nicht mitreden können. Gehen Sie zurück in Ihre Mittagspause.

B. Augen zu und weiter durchwurschteln. Sie sind ja 30 Jahre durchgeflutscht, das klappt jetzt auch noch den Rest der Zeit. Schön weiter die Brückentage im Auge behalten und immer dran denken: Montag ist Schontag!

C. „Domo arigato, Mr. Roboto." Ihr Deutsch ist für einen Japaner ausgezeichnet.

D. Gehen Sie auf volles Risiko. Machen Sie sich vor der nächsten Diabetesuntersuchung einen Snickers-Burger mit Traubenzuckerfüllung und trinken Sie einen Liter Cola. Oder stemmen Sie untrainiert eine 100-Kilo-Hantel. Nicht ungefährlich, aber der Shortcut ins Ziel. Und darum geht es doch!

Egal, welchen Weg Sie sich aus der Mühle suchen wollen, eines gilt auf dieser Reise uneingeschränkt für alle Arbeitnehmerinnen und Arbeitnehmer mit 60 in den Gliedern:

Schonung ist das Gebot der blauen Stunde!

Gerade die neue Arbeitswelt hält auf den letzten Kilometern gefährliche Tücken bereit, die es mit Umsicht und Geschick zu umschiffen gilt. War die gesundheitliche Hauptgefahr der letzten 20 Jahre der Burn-out, angefeuert von den vielen Schulden für Butze, Auto, Angeberurlaub, drohen nun neue Belastungen. Im Betrieb wimmelt es oft nur so von Unternehmensberatern und Controllern, die alle nur ein Ziel haben, nämlich, Sie endgültig loszuwerden. Raus aus dem Laden, runter von der Payroll. Eine bittere Wahrheit nach vielen Jahren im Betrieb, in denen Sie sich nichts haben zuschulden kommen lassen. Im Guten wie im Bösen nicht. Dieser Druck wäre sicher leicht auszuhalten, wenn er so abstrakt daherkäme, wie es zunächst klingt. Leider legen viele Unternehmen beim Entsorgen verdienter Mitarbeitender kräftig mit Hand an. Kreuz-und-quer-Verlegungen in den Abteilungen, Schreddern von monatelangen Arbeitsergebnissen, Umschulung und nach Abschluss der Umschulung eine Umschulung. Wenn Ihnen das bekannt vorkommt, ist es ab dem Eintritt von 60 höchste Zeit, Entscheidungen zu fällen. Diabetes Typ 1 oder 2? Nacken oder Bandscheibe? Kopfschmerz oder Tinnitus? Eine dieser chronischen Krankheiten wird die goldene Gondel in Ihren verdienten vorgezogenen Ruhestand werden. Niemand wird Ihnen das verübeln. Es ist Teil des Plans. Eine Art stillschweigendes Agreement. Ein Angebot, das Sie nicht ablehnen können. Gehen Sie auf die Reise durch die Wartezimmer und entspannen Sie sich bei der Lektüre veralteter Zeitschriften. Auch hier zeigt sich wieder das Momentum der Rückschau.

Das Jetzt und Hier ist eine Wirklichkeit, die für Menschen mit 60 nur noch gelegentlich zählt.

ERSTE **DOs** AND **DON'Ts** IM **BERUF**

Das Wort „Beruf" erhält mit dem Eintritt von 60 häufig eine neue Konnotation und ähnelt eher dem Begriff „Abruf". Man befindet sich nun in der Schleuse, und je eher Betroffene diese neue Lebenswirklichkeit akzeptieren, desto einfacher werden für sie die Umstellungen am Arbeitsplatz. Der heute durch Technik und Rationalisierung entstehende Druck wird nun oft ungefiltert an Sie weitergegeben. Ein gewollt inszeniertes Gefühl von Nutzlosigkeit, das nichts mit Ihren Fähigkeiten oder Leistungen, sondern ausschließlich mit der Verkürzung Ihrer Verweildauer im Betrieb zu tun hat. Vor allem wegen des aus Arbeitgebersicht widerwärtigen alten Arbeitsvertrags, der jede Quartalszahl versaut und gegen die modernen Prinzipien der Ausnutzung verstößt.

DREI DOs IM BERUF FÜR DEN NEU-60ER

1. Die Wahrheit sagen

Die wahrste aller Wahrheiten ist die, dass keiner die ganze Wahrheit wirklich hören will. **Denn selten ist die Wirklichkeit so schön, dass man ihrer völlig ungeschminkt ansichtig werden möchte.** Da ist es nun an Ihnen, eine wichtige Position am Arbeitsplatz einzunehmen, nämlich die des Realitätsverkünders, volkstümlich „Stinkstiefel" genannt. Nutzen Sie jetzt jede Gelegenheit, der Wahrheit ihr Recht zu geben. Wem nutzt es, dass sich alle den augenscheinlich ADHS-kranken Abteilungsleiter als „agilen Performer" schönlügen oder das Komplettversagen des Teamkollegen als „ambitioniert, aber ausbaufähig" weichspülen?

Diagnose-60-Tipp: Schließen Sie sich mit anderen Wahrheitsliebhabern zu renitenten Pressure-Groups zusammen und entern Sie den Betriebsrat. Dort ist es nicht nur wichtig und befreiend, die Geschäftsführung als „Lügner“, „unfähig“ und „kriminell“ zu bezeichnen, sondern auch weitgehend folgenfrei.

Die Wahrheit sagen tut oft weh, aber Hauptsache: nicht Ihnen! Wenn man Sie dann mit einer opulenten Ablöse zum Schweigen bringen will, nehmen Sie dies einfach an. Auch die Wahrheit hat nämlich ihren Preis.

2. Kommandos geben

Leider haben die Menschen es heute fast vergessen: Jahrtausendelang war es das Privileg der Erfahrenen, den Mitmenschen zum Wohle aller Anweisungen zu erteilen. Der Cocktail aus Lebenserfahrung, Ruhe und Wissen gehört auch heutzutage noch in die leeren Füllhörner der nachfolgenden Generationen gegossen. Auch wenn die das vielleicht nicht wahrhaben wollen. Und wie will man es ihnen verübeln! **Fehlt es ihnen doch an genau dem Kanon aus Prüfungen, Niederlagen und Erfolgen, auf dem Ihre Instruktionen fußen.** Führen Sie darum bei jeder Ihrer neuen Ordres die Gruppe an den Quell Ihrer Weisheit. Lassen Sie die Padawane teilhaben an den Erfahrungen, auf denen Ihre

wohlgemeinten Vorgaben fußen. Holen Sie dafür ruhig aus. Sparen Sie nicht mit Details. Lassen Sie sich Zeit. Beobachten Sie, was es mit Ihren Kollegen macht. Sie können sicher sein, **ein Team wird, angesichts einer weiteren endlosen Betriebsgeschichtsstunde am Rande des Nervenzusammenbruchs, Ihre neuen Vorschläge anstandslos annehmen.** Ob man sie dann umsetzt, ist ja zweitrangig. Es geht nur um die Wertschätzung, nicht um die Wertschöpfung!

3. Krank sein

Bisher haben Sie ein Leben als Fels in der Brandung gelebt. Ärzte kannten Sie nur aus dem Fernsehen, und zur Arbeit gingen Sie zur Not auch noch mit dem Kopf unter dem Arm. Auch wenn Sie das sicher noch eine ganze Weile so weitermachen könnten, ist es jetzt angemessener, **nicht mehr Lastennehmer, sondern Lastengeber zu sein.** Wie sonst sollen die unerfahrenen U-60-Neulinge, die zum Teil noch keine 20 Jahre im Betrieb sind, je lernen, selbstständig Leistung zu zeigen? Auch wenn es anfangs schwerfällt, jetzt ist es an der Zeit, jedes Zipperlein großflächig an die Wand zu malen und laut leidend nach Hilfe zu rufen. Pädagogisch besonders wertvoll sind alle Beschwerden ohne klaren Befund, aber mit deutlicher Einschränkung Ihres Bewegungsradius. Damit können Sie in hoher Frequenz Besuche bei einer Vielzahl von Fachärzten abrufen und Ihren Arbeitgebern gleichzeitig das mulmige Gefühl im Bauch erhalten, dass Sie nur simulieren. Springen Sie zwischendurch ruhig mal munter wie ein Reh von Ihrem Sessel und machen Sie so die Verwirrung komplett. Krankheiten, unter denen sich ein solches Verhalten subsumieren lässt, finden Sie reichlich im Internet.

DREI DON'Ts IM BERUF FÜR DEN NEU-60ER

1. Bewerben

Auch wenn der Fachkräftemangel in unserem Land, insbesondere dank der Arbeitsmoral der folgenden Generationen, ein Dauerthema geworden ist, die Regierung gerade die frisch in die 60er-Phase Eingestiegenen am liebsten in eine Schleife endloser Erwerbstätigkeit stellen möchte, ist der Vorgang einer Bewerbung eher nichts für einen Menschen mit 60er-Symptomatik. Zumal die wirklich spannenden, fancy Aufgaben mit einer Bewerbung mit Ihrer Symptomatik kaum mehr zu erreichen sind. Miss Germany, Mr. Superbody, Bachelor, Bachelorette oder Dauergast in den gängigen Nackt-Trash-TV-Formaten, das sind alles Ausschreibungen, für die es mit der 60 kaum eine Chance gibt. Eigentlich ein Skandal und eine Aufgabe für die Gleichstellungsbeauftragten. **Wenn man da, wo es Spaß macht, keine Chance hat, fällt es schwer, sich dort zu bewerben, wo man vielleicht gebraucht wird.** Wichtig ist darum, dass die Rahmenbedingungen stimmen. Und das bedeutet, egal welche Tätigkeit es ist, vor allem

erkennbarer Respekt. Ein goldener Wischmopp für Reinigungsarbeiten, eine Brillanttastatur und ein eigener Raum im Callcenter sollten das Mindeste sein, was Sie erwarten dürfen, wenn Sie mit Ihrer geballten Erfahrung noch einmal antreten, um unsere Wirtschaft zu retten.

2. Abwarten

Radikale Schwenks im Leben sind ja eigentlich des 60er-Morbus Sache nicht. Die Gefahr, auszurutschen und in die Hände der geldgierigen Hüftgelenk-Mafia zu fallen, ist einfach viel zu groß. Abwarten als in sich ruhende Aussitzstrategie bildet hier indes eine Ausnahme. Das bewährte „Abwarten-bis-sich-alle-wieder-hinlegen" kann dazu führen, dass man so manches eines Tages vielleicht nicht mehr oder nicht mehr in Gänze erleben wird. Außerdem ist die passive Grundhaltung des Abwartens einer aktiven Lebenshaltung nicht förderlich. Nicht nur das Training der Arme und Beine, sondern auch Emotionen wie Wut, Zorn und Empörung bringen den Kreislauf in Wallung und halten Sie vital. **Statt abzuwarten, heißt es nun eher, sich zu beschweren. Am besten schon bevor Sie etwas angefragt oder gefordert haben.** Kein Grund ist klein genug, um nicht sofort auf die Zinne zu gehen. Dort oben kann Sie dann übrigens auch jeder sehen und sich von Ihrer Fitness ein eigenes Urteil bilden. **Wer sich nicht beschwert, der lebt verkehrt!**

Diagnose-60-Tipp: **Statt Geduld zu haben, sollten Sie lieber Geduld einfordern. Rücksicht und Warten sind Lebenshaltungen, mit denen sich Projekte aller Art ohne Stress bis zum letzten Arbeitstag ausdehnen lassen. Gute Geduld ist immer die Geduld der anderen.**

3. Lernen

Gemessen an den Parametern des 21. Jahrhunderts, sind Sie mit der **Diagnose 60** nun offiziell eines: ALT. Ein Aggregatzustand, der zwar wenig mit den modernen 60er-Symptomatiken zu tun hat, aber nun hilfreich sein kann, um auf unnötiges Lernen zu verzichten. Denn Alter schützt zwar vor Torheit nicht, aber vor zu großen Erwartungen Ihrer Mitmenschen.

Nutzen Sie die sinkenden Erwartungshaltungen Ihres Umfelds.

Allein der technologische Fortschritt, der längst seine Schöpfer überfordert, verdient Ihre volle Verweigerung.

Soll doch das **Smartphone-Gesindel** aus der Generation Z zeigen, was es alles (nicht) kann.

Für Sie ist der Lernprozess an der App-Front abgeschlossen. Im Gegenteil, **greifen Sie lieber auf aussterbende Medien in Form von Überweisungsträgern, Briefen oder Buchgeschenken zurück.** Und zwingen Sie so andere in Ihre Wissens-Bubble, wo Sie mit verstaubten Techniken wie Lesen, Rechnen und Schreiben die Oberhand haben.

LERNEN IST LEICHTER, WENN DIE ANDEREN ES MACHEN!

60 IN BEZIEHUNGEN

MIT **FREUNDEN** UND **FAMILIE** – WENIGER IST **MEHR**

Das Auftreten eines chronischen Einschnitts wie 60 macht sich natürlich auch im privaten Lebensstil bemerkbar. Betroffene stellen sich in etwa folgende Fragen: Schaffe ich das noch? **Sind Kumpelfeiern im „Schnitzel-all-you-can-eat" mit Schnapsglas ohne Boden die richtige Freizeitgestaltung?** Kann ich das noch? Muss ich es denn überhaupt noch? Nur grüner Salat und Wasser, um im Sommer bauchfrei zu tragen? Fragen, die zeigen, wie sehr unser Organismus auf den Schritt in die 60 vorbereitet ist, wie die Evolution eine ganze Reihe von Notbremsen zieht, um Ihren Alterungsprozess nicht auch noch durch unangemessenes Verhalten zu beschleunigen.

Auch wenn 60 beileibe kein Grund ist, in ein Hospiz zu ziehen oder sich als Versuchsobjekt der Apparatemedizin zu überschreiben, ist eine Revision des Lebenswandels und seiner möglichen Folgen ein guter Ansatz, um mit wenigen Einschränkungen immer wieder mal total die Sau rauszulassen!

TEST: QUO VADIS, HOMO 60?

WAS KANN **BLEIBEN**, WAS KANN **WEG**?

Was ist aus Ihrer Sicht in jedem Fall lebensverlängernd?

A. Whisky-Tasting.

B. Darmspiegelung.

C. Gebete.

D. Wiedergeburt.

Was ist in Ihren Augen altersangemessen?

A. Kleidergröße 36.

B. Regelmäßige Blutwäsche.

C. Die Feiertage im Kirchenjahr.

D. Die Vorbereitung auf die große Reise.

Worauf würden Sie niemals verzichten?

A. Mett-Igel.

B. Notruf-App auf dem Smartphone.

C. Beichte und Kommunion.

D. Das Chi.

AUSWERTUNG:

A. Machen Sie nur weiter so, wir freuen uns auf Ihren Besuch. Ihr Facharztverband.

B. Die *Apotheken-Umschau* ist kein geeigneter Lifestyle-Ratgeber. Lesen Sie lieber **Diagnose 60.**

C. Hochwürden, wir kennen Ihre berufliche Einstellung zu Dingen wie der Vergänglichkeit.

D. Hochwürden, wir sind erstaunt über Ihre private Einstellung zu Dingen wie der Vergänglichkeit.

Mit dem Eintritt von 60 neigen viele Befallene dazu, ihr direktes Umfeld penibel auf seine Belastbarkeit und Tauglichkeit hin zu prüfen. Uralte Muster versetzen den Organismus in eine Art permanenten Voralarm. **„Rette mich, wer kann"** ist der Grundton der Botschaft, die der Hypothalamus fortwährend zu senden scheint. Kein Wunder, dass das Interesse an mitgealterten Freunden und Bekannten rapide sinkt. Wo früher starke Gemeinschaften aus Gleichaltrigen und Gleichgesinnten jede Gefahr abzuwehren schienen und miteinander reichlich Beute machten, steht heute eine geschwächte und hier und da schon ausgedünnte Reihe teilweise recht klappriger Gefährten, die wenig Vertrauen in eine gemeinsame und sichere Zukunft vermitteln will.

„Jeder ist sich selbst der Nächste" ist das Postulat des Morbus 60.

Auch Sie sind nun gut beraten, dort nach einem warmen Platz zu suchen, wo Menschen sind, die über genug Kraft und Ausdauer verfügen, um Ihr andauerndes Gejammer und Genörgel zu ertragen. Ein Verhalten, das wichtig ist, um Ihre Stellung im Rudel immer wieder zu prüfen.

Solange alle über Ihre ständigen Bemerkungen und Klagen nur die Augen verdrehen und niemand damit droht, Sie zu knebeln, zu fesseln und im Wald auszusetzen, so lange ist Ihr Platz am Feuer sicher. Wichtiges Steuerungstool für diesen Platz ist Vermögen.

Je legendärer und schemenhafter dieses Vermögen ist, umso besser.

Alte, riesige Aktienpakete, das Schließfach mit dem Gold der Nibelungen drin, es gibt fast nichts, was die gierige Nachfolgegeneration nicht zu glauben bereit wäre. Beweis? Denken Sie einfach an sich selbst zurück und daran, wie Sie versucht haben, die Kohle von Onkel/Tante/Opa/Oma abzugreifen. Und was Sie alles an spitzen Bemerkungen und Herabsetzungen zu ertragen bereit waren. Für was? Wurmstichige Möbel, ein abrissreifes Häuschen und Reste von Bargeld, die nicht für den Aufenthalt in Sanatorien und Altersresidenzen draufgingen.

Nutzen Sie die natürliche Gier Ihrer Nachkommen ruhig aus! An einer solchen Haltung ist nichts verwerflich.

Es ist Teil des Alterungsprozesses, und ohne die Gier der Jungen wären Menschen mit 60 der Unbill des Lebens schutzlos ausgeliefert.

DREI DOs MIT FAMILY AND FRIENDS

DO!

1. Vom Testament reden

60, das war bis vor 100 Jahren ein biblisches Alter. Aber da gab es auch noch keine Kernspintomografen und keine Biomärkte. Das erklärt ein vom Urtrieb instinktgesteuertes Verhalten Ihrer Verwandten, die nicht die Letzten sein möchten, wenn … Und wahrscheinlich müssen Sie dieses unwürdige Schauspiel noch mindestens weitere 25 Jahre lang ertragen.

Tun Sie sich und denen darum den Gefallen, spielen Sie einfach mit.

Werfen Sie den Hunden Knochen vor, indem Sie regelmäßig Testamente aufsetzen, ändern und immer schön den Begünstigten wechseln. Das hält die Familie auf Trab und Sie im Mittelpunkt des Geschehens. Und am Ende ist es auch egal, wer was kriegt: **You can't take it with you!**

2. Unverständnis zeigen

Alles verstehen musste man noch nie, aber **es war selten so angezeigt wie jetzt, sein komplettes Unverständnis auch deutlich zu äußern** und zu zeigen. Dieses Unverständnis ist eine scharfe Waffe, denn es entlarvt die selbst ernannten Experten in diesen rasend schnellen Zeiten in ihrer eigenen Ahnungslosigkeit. Lassen Sie sich darum von Stiftung Warentest als Testkunde anheuern und treiben Sie zum Beispiel im Elektromarkt diese selbstgefälligen Verkäuferbürschchen mit Ihrem Unverständnis für die Funktion digitaler Eierkocher und 5.1 Stereoanlagen an den Rand ihres mehr als überschaubaren Wissens. Zeigen Sie Ihr Unverständnis auch beim Ein- und Auschecken mit Smartphones am Flughafen, kämpfen Sie für die Rückkehr der guten alten Bordkarten.

Sie werden sehen, Ihr Unverständnis demaskiert nicht nur die angeblich Verständigen, es findet auch den **Applaus der anderen**, *die ebenso ständig auf dem gleichen Schlauch stehen wie Sie.*

3. Schrullige Hobbys pflegen

Um in diesen verrückten Zeiten ein exklusives, gar schrulliges Hobby zu haben, braucht man eigentlich nur das Steckenpferd der eigenen Jugend wieder aufzunehmen. Wer heutzutage Briefmarken sammelt oder Zinnsoldaten gießt, kann sicher sein, Kulturtechniken zu fördern, die den Smartphone-Junkies schon vor Jahren völlig abhandengekommen sind.

Um bei der Ausübung des Hobbys aber nicht nur Kopfschütteln, sondern auch helle Aufregung auszulösen, bieten sich Betätigungen an, die vor allem durch ihren hohen finanziellen Aufwand hervorstechen, um die selbst ernannten Erben ganz wuschig zu machen.
Beginnen Sie darum eine Karriere als Freizeit-Archäologe und beteiligen Sie sich an Ausgrabungen in Südamerika. Oder investieren Sie einen hohen Geldbetrag in ein Start-up und fragen Sie danach Ihre Kinder, was denn so ein Start-up eigentlich ist.

Sie werden sehen, Ihre Hobbys werden das **Dauergespräch in der Familie** *sein.*

DREI DON'Ts IM UMGANG MIT FAMILY AND FRIENDS

1. Diplomatisch sein

Wenn Vorsicht die Mutter der Porzellankiste ist, waren Sie sicher stets bemüht, Mamas Lieblingskind zu sein. Ein falscher Spruch zur falschen Zeit und schon sind wochenlange Aufräumarbeiten mit teuren Einladungen oder Versöhnungssex zu leisten. Ein Verhalten, das für den **60er-Morbus** in vielerlei Hinsicht wenig förderlich ist. Diplomatische Zurückhaltung stellt eine gesellschaftliche Haltung dar, die auf immer weniger Gegenliebe stößt. Oder auf gut Deutsch, es wird nun Zeit, die Dinge auf gut Deutsch zu benennen.

Wechseln Sie die Rolle von Muttis Liebling zum Elefanten im Porzellanladen.

Wahrheit muss nicht in Watte gepackt sein. Wahrheit muss wehtun. Und zwar den ganzen Fußfesseln Ihres Lebens. Familie, Nachbarn, Ehewesen. Sagen Sie denen, was gesagt werden muss. Bevor es zu spät ist! **Das ist feinstes Sozial-Feng-Shui** und befreit Sie von zahllosen überflüssigen Verpflichtungen.

2. Rücksicht nehmen

Gerade beim sogenannten „Rücksicht nehmen" ist für den **Morbus 60** ein Paradigmenwechsel dringend angezeigt. War diese Haltung bisher eher auf Dritte gerichtet, die so über die Jahre (auch oft genug grundlos) Nutznießer Ihrer vornehmen Zurückhaltung waren, **heißt es nun, die eigenen Bedürfnisse klar in den Fokus zu stellen.** Es darf mit den durch die 60 beginnenden biomechanischen Abbauprozessen nicht mehr

Ihr Ziel sein, die Wünsche der anderen stärker zu gewichten als Ihre eigenen und somit darauf zu verzichten, eigene Defizite auszugleichen.

NEHMEN SIE RÜCKSICHT – AUF SICH SELBST!

Egal ob Kasse, Büfett oder Bus, drängeln Sie sich vor! Zeit ist ein knappes Gut! **Sie stehen im Fahrstuhl? Und wenn schon, lassen Sie den Lüften des Körpers freien Lauf. Ein 60er kann gar nicht genug entgiften!** Scheren Sie sich nicht weiter um die Meinung Ihrer Umwelt. Im Verlauf von **Morbus 60** wird Ihr Gehör ohnehin schwächer und die Stimmen verstummen. Dann kann man auch jetzt schon weghören!

3. Die Kinder besuchen

Der **60er-Morbus** ist ein Syndrom, das sich auch durch soziale Enthaltsamkeit leichter tragen lässt. Besonders, wenn im eigenen Lebensweg hin zu dieser perfiden Alterserscheinung eigene Kinder im Spiel waren und sind. Diese weiter regelmäßig zu besuchen, kann unnötig Stress und psychische Erschöpfung auslösen. Oft genug ist der Anblick des Erziehungsresultats so bedrückend, dass 60er ihren Frust hemmungslos in Schnaps ertränken. Der erträumte Astrophysiker wurde Grundschullehrer, und die vermeintliche Olympiasiegerin im Turmspringen ist heute Couchpotato. Das kann für alterskranke Menschen eine schwere seelische Belastung darstellen, weil sich mancher die Schuldfrage stellt. Zu wenige Schläge auf den Hinterkopf? Zu oft Abendessen trotz schwacher Schulleistungen? Das Rad lässt sich nicht zurückdrehen. Versuchen Sie darum, dem familiären Elend, so oft es geht, aus dem Weg zu gehen. **Niemand muss ständig Zeuge des eigenen Versagens sein!**

60 & GELD, MODE, FREIZEIT

SCHÖN IST, WAS SICH SCHÖN ANFÜHLT

Morbus 60 ist vom biologischen Standpunkt aus vor allem eine **Triple-R-Veränderung**: Rückschau, Rücken und vor allem Regression spielen mit dem Befall eine wichtige Rolle. Durch den Rückgang von Hormonschüben stabilisiert sich bei vielen der Organismus aus seinem jahrzehntelangen postpubertären Schock, den man landläufig „Erwachsensein“ nennt, und

gleitet Stück für Stück zurück in kindliche Muster, in denen Dinge wie Besitz, Repräsentation und Stellung weniger wichtig werden. **Andere Ausformungen von 60 hingegen steigern die Sucht nach Eigentum in geradezu absurde Höhen.** Vielleicht einer urtümlichen Angst folgend, vom Rudel irgendwo allein im Wald zurückgelassen zu werden, häufen die so von ihren Dämonen getriebenen Sixties jede Form von Wert und Wertgegenständen an. Diese verteidigen sie dann mit allen ihnen zur Verfügung stehenden Mitteln gegen jegliche Fressfeinde. Also gegen jeden außer sich selbst. Und selbst da werden keine Kompromisse gemacht. Während also „60 Hamsterensis“ ein Leben in der Trutzburg ihres Hab und Guts beginnen und dort lediglich durch Geiz, Starrsinn und Entbehrung auffallen, **entdeckt die überwiegende Zahl der Betroffenen die Schönheit des kindlichen Strebens wieder.** Sonnige Tage, vorzugsweise auf Malle, den Balearen oder in der Karibik, werden regelmäßiger und entspannter genossen. **Eis, ein zentraler Baustein kindlicher Erinnerung, hilft vor allem in seiner basischen Form in Martinis oder in Sangria „on the rocks“, weitere Endorphine auszuschütten.** Die mit 60 immer weiter sinkende Aufnahmefähigkeit von Nahrung und Drogen hilft durch die so entstehenden Einsparungen, die Qualität zu verbessern.

*„Was?“ und „Wann?“ sind mit **Diagnose 60** die entscheidenden Fragen, anstelle von „Wie viel?“ und „Wo?“, wie es jahrzehntelang vorrangig der Fall war.*

TEST: BIN ICH FIT FÜR 60?

Der Wecker klingelt. Was ist Ihre Reaktion?

A. Das ist eine Halluzination!

B. Ich stehe auf. Kaffee. Dusche. Ab ins Büro.

C. Ich prüfe, ob die prognostizierte Dauer des Schlafmittels eingetreten ist, und trage das Ergebnis in meine Excel-Tabelle ein.

D. Welcher Wecker?

Wie viele Stunden sind Sie am Tag wach?

A. Wach? Oder bei Bewusstsein?

B. High Performer kommen mit 4 Stunden Schlaf aus. Ich brauche nur 3.

C. Ich überprüfe das Ergebnis meiner Hirnströme in meiner Health-App und trage das Ergebnis in meine Excel-Tabelle ein.

D. Welcher Tag?

Welche Ziele möchten Sie gerne noch erreichen?

A. Der Weg ist das Ziel. Wenn er an ausreichend Eisdielen vorbeiführt.

B. Die nächste Stufe der Karriereleiter. Es geht immer noch eins höher.

C. Ich möchte aus den Ergebnissen meiner Excel-Tabelle eine Therapie entwickeln, die hilft, das Altern leichter in Excel-Tabellen zu dokumentieren.

D. Welches Ziel?

AUSWERTUNG:

A. Sie sind auf dem richtigen Weg. Jetzt nicht nachlassen und weiter die „Was-soll's- Resilienzen" stärken, zum Beispiel durch ein morgendliches „Leckt-mich-Retreat", das sich leicht im Bett als „Der eingerollte Kannstmichmal" üben lässt. Oooom!

B. Legen Sie das Parteiprogramm der FDP auf die Seite und lesen Sie lieber altersgerechte Ratgeber. Die HÖRZU zum Beispiel. Oder die BÄCKERBLUME. Hier finden Sie viele schöne Ideen, die sich bequem aus dem Fernsehsessel heraus erledigen lassen.

C. Hypochondrie und 60 sind ein großartiges Pärchen. Sie werden nun täglich neue Anlässe finden, sich um Ihre Gesundheit zu sorgen. Gelegentlich sogar mit einem GRUND. Super. Die beste Zeit Ihres Lebens hat gerade erst begonnen!

D. Kevin, das Buch gehört Oma und Opa. Leg's zurück und zieh dir noch 'ne Schischa rein. Überhaupt, seit wann kannst du denn lesen?

DER RICHTIGE UMGANG MIT GELD

Auch wenn die Zwangsgebühren-Plünderer von der IHK in ihren Seniorenprogrammen dreist das verlogene Gegenteil behaupten: Der große Kick-off für den Aufbau eines Familienunternehmens, die Gründung eines DAX-Players, selbst für das Garagen-Start-up, ist mit 60 im Großen und Ganzen vorbei. **Der Eintritt von 60 zwingt uns, auch eine wirtschaftliche Bestandsaufnahme zu wagen.**

Gute Nachricht vorweg: Egal, wie viel es ist, es ist definitiv das Doppelte dessen, was Ihre Kinder dereinst im Körbchen finden.

Good News 2: Wenn Ihnen Ihr aktuelles Budget zu klein erscheint, nehmen Sie doch einfach einen der zahllosen Jobs im Handel an.

Und bei den Forderungen nicht zimperlich sein. Denken Sie daran, der oder die nächste Bewerbende mag dieselben utopischen Vorstellungen von Gehalt und Arbeitszeit haben, **eine Arbeitsmoral haben die meisten dieser „Generation Einhorn" aber nicht.**
Wenn es also nicht für den Sundowner auf dem Alterssitz auf Bali reicht, grämen Sie sich nicht. Es gibt immer genug zu tun, und dank Klimawandel kommt Spanien ja jetzt im Sommer einfach zu uns. Schon merkwürdig, was da alle dran zu meckern haben!

Sie sehen, mit der richtigen Einstellung lassen sich mögliche finanzielle Engpässe schnell schönreden.

Und wenn es auch eine Sauerei ist, was man Ihnen ein Leben lang bezüglich Ihres letzten Lebensdrittels alles vorgelogen hat, **sollten Sie doch froh sein, nicht zur heutigen Null-Bock-Generation zu gehören, die später die „Null-Rente-Bewegung" vorantreiben wird.** Wenn Sie es nun schaffen, halbwegs im Shape der letzten Jahre zu bleiben und zum Beispiel die guten 60 Kilo Übergewicht nicht wegzuhungern oder gar teuer operativ entfernen zu lassen, steht Ihnen die nächsten Jahre ein gut gefüllter Kleiderschrank zur Verfügung, der keine Updates mehr braucht.

FINDEN SIE IHREN STYLE

Das Eintreten von 60 macht merkwürdige Rituale wie das „Aufbrezeln" endgültig unglaubwürdig und würde Sie nur dem Spott und der Häme der Gesellschaft aussetzen. **Bequeme, leicht oversized Kleidung, die Sie gern mal mit Bekannten auch intersexuell tauschen können,** ist außerdem perfekte Tarnkleidung, in der Sie garantiert von niemandem mehr wahrgenommen werden. Ein klarer Vorteil, wenn man zum Bespiel viel schwarz mit dem Bus fährt. Außer mit dem Reisebus, der nun gezielt für Ihre Altersgruppe wunderbare Fahrten in den Schwarzwald oder zum Brocken organisiert, wo Sie dann so lange eingesperrt und mit schlechtem Bienenstich gefoltert werden, bis Sie eine Heizdecke kaufen. DAS ist Abenteuer. Mit der Heizdecke und oft auch einer ordentlichen Imitation eines Schwarzwälder Schinkens:

Sehen Sie es selbst, die Aussichten könnten kaum günstiger sein!

DOs AND DON'Ts IM **UMGANG MIT GELD, MODE UND FREIZEIT**

DREI DOs

1. Einnicken

Im Laufe eines langen Berufs- und Familienlebens haben Sie sicher eine ganze Reihe von Strategien entwickelt, um quälende Verwandtschaftsbesuche in einer Art Wachstarre zu überstehen. Ein schlafähnlicher Zustand, um dessen Erlangung Sie berühmte Yogis weltweit beneiden. Diese Camouflage-Technik, die Ihnen hinter der Maskerade eines interessierten Blicks das nahezu völlige Aussetzen allen Bewusstseins ermöglichte, brauchen Sie nun nicht mehr anzuwenden.

60 ist ein großartiges Alter, um in einer langweiligen Gesellschaft ansatzlos am Tisch einzuschlafen.

Niemand wird Ihnen das mehr verübeln. Nutzen Sie diese neue Freiheit aus, und sorgen Sie schon vor den Treffen dafür, dass selbst lautstarker Streit Sie nicht am Schlafen hindert. Ein probates Schlafmittel ist etwa Haschisch, das Sie nach ausreichend Gejammer in Topqualität von Ihrem Doktor verschrieben bekommen. Donnerlittchen, Dope vom Dok für Umme, das hätte Ihnen mal einer in den späten 60ern erzählen sollen.

EGAL, LET THE SUNSHINE IN UND SCHLAFEN SIE SCHÖN!

2. Die Enkel verziehen

Kinder sind etwas Wunderbares. Vor allem, wenn sie noch klein und nicht die eigenen sind. Die allerbesten sind natürlich die Kinder der eigenen Kinder. Nirgendwo sonst werden Sie auch nur annähernd vergleichbares Rache-Potenzial für die Schandtaten der Pubertät Ihrer eigenen Brut finden als bei den süßen kleinen Enkelein. Jetzt ist also **Payback-Zeit!** Der Umstand, dass die meisten Blagen heutzutage sowieso kaum noch Regeln kennen, macht es nur umso einfacher.

Geben Sie den Äffchen also das, was man ihnen verwehrt: ***Zucker!***

Also, richtigen Zucker. Keine mit Agavendicksaft gesüßten Mais-Amaranth-Waffeln oder anderen Spackkram aus dem Bioladen. Bieten Sie den Kleinen ein Gourmet-Essen, das sie verdienen. Filets aus dem Snickers, serviert auf einem bunten Salat aus Smarties etwa. Oder zum Nachtisch ein kandiertes Vanilleeis auf Zuckerwatte-Wolke im Schlagsahnebett. Es muss so süß sein, dass der reine Anblick Zahnschmerzen bereitet. **Verabreichen Sie diesen ADHS-Trigger kurz vor Übergabe der Gremlins an die entsetzten Eltern** und winken Sie dem wütenden Mob in Enkelgestalt milde hinterher.

WAS AUCH IMMER JETZT PASSIERT, IHRE KINDER HABEN ES SICH VERDIENT!

3. Bildungsreisen

Wenn einer eine Reise tut, der lässt sich was erzählen. Und zwar gern, am allergernsten von diesen jungen, dynamischen Studierenden, die durch ihre Reiseleitung einer schnöden Bildungsfahrt zu den Ruinen längst verschwundener Kulturen den Touch von Rosamunde Pilcher verleihen. Ein Feeling, das Sie so bei den meist nur auf Likörbasis erträglichen Kegelausflügen ins Sauerland niemals verspüren würden.

Steigen Sie um auf Bildungsreisen und lassen Sie sich in Ihrer eigenen romantischen Geschichte treiben. Der junge Reiseleiter, die erfahrene Frau von Welt, die wunderschöne Übersetzerin, der ältere, attraktive Professor mit dem staubigen Schick des 19. Jahrhunderts. Die Reise führt zur Sphinx, ein Treffen, wie zufällig, an der Tablett-Abgabe der Jugendherberge, eine Liebe, die sogar die Abfahrtszeit nach Cheops überwindet. Es ist egal, ob so etwas dann tatsächlich passiert. Die besten Träume sind sowieso die, die immer Träume bleiben. Man sollte nur für möglichst perfekte Kulissen sorgen.

Buchen Sie darum, so oft es geht, Traum-Bus-Bildungsreisen und lassen Sie sich von Ihrem Geist verführen.

DREI DON'Ts

1. Gut aussehen wollen

Nichts auf der Welt ist mehr den Moden und Marotten der Zeit unterworfen als die Schönheit und das, was man für schön zu halten scheint. Mit **Morbus 60** verstärkt sich nun ein schon seit Jahren durch 50 losgetretener, schleichender körperlicher Vorgang, der dem des Welkens bei Pflanzen nicht unähnlich scheint. Ein Phänomen, dem objektiv noch keine Hautcreme gewachsen ist und das sich leider ziemlich weit entfernt von derzeit gängigen Schönheitsidealen befindet. Wo mit reiner Physis kein Punkt mehr zu machen ist, bleibt die Chance, mit Dingen wie Manieren, Wissen oder jeder Menge Schotter zu bestechen. Besonders Letzteres ist oft immens hilfreich. Sollte es aus Gründen (der der schlichten Vernunft mag einer davon sein) keinen Bezahlweg zur Bewunderung geben, bleiben Ihnen Ihr Charme, Ihre Weisheit und weite Kleidung mit ausladenden Schnitten, die dabei hilft, weite Teile möglicherweise von Falten befallener Flächen abzudecken. Den Rest regeln Sie mit Ihrem Selbstbewusstsein. **Denn man ist so schön, wie man sich fühlt!**

Diagnose-60-Tipp: Investieren Sie in gute Manieren und Old-School-Techniken. Die sind immer seltener zu finden und ein echter Goldstandard, wenn es mal in viel jüngere Jahrgangsgruppen geht.

2. Klein beigeben

Das Leben ist zu kurz *für die Regeln der anderen.*

Eine Erkenntnis, die im Verlauf von 60 ein Verhalten fördert, das renitent wirkt und vom Volksmund despektierlich „Altersstarrsinn“ genannt wird. Das Bestreben, einen als angenehm empfundenen Zustand zu erreichen und nicht mehr verlassen zu wollen, ist ein durch **Morbus 60** getriggerter Urinstinkt und kann kaum intellektuell gesteuert werden. Dadurch ist **ein Einordnen in die Erwartungen der Mitmenschen für den 60er faktisch nicht mehr möglich.** Um nicht wegen renitenten Verhaltens aus dem Rudel ausgeschlossen zu werden, was in der Frühzeit den sicheren Tod bedeutet hätte, hat die Evolution andere, defensivere Verhaltensmuster entwickelt, die nun auch Ihnen frei zur Verfügung stehen. Der rapide Verlust der Hörfähigkeit, ein plötzlicher Einbruch der Merkfähigkeit, nutzen Sie alle Ventile einer mit dem Eintritt von 60 von Ihrem Umfeld erwarteten „Sturzalterung“! Es sind alles Tricks, die uns Mutter Natur mit auf den Weg gegeben hat, um den Erwartungen der Mitmenschen nicht klein beigeben zu müssen und einfach der eigenen Nase nachzugehen.

PROBIEREN SIE ES GLEICH MAL BEI EINEM NACHBARN AUS!

3. Etwas einsehen

Eine der größten Hürden des Alltags ist für den **60er-Morbus** der Umstand, dass der Kreis von bestenfalls Vorerkrankten, mit einer **Diagnose 50** oder Vorstufen wie 40 oder gar 30, immer größer wird. Wenn es schon schwer mit anzusehen ist, wie diese armen Kreaturen durch die Probleme tapsen, die Sie selbst oft leidvoll in den letzten Jahren überwunden haben, ist der Versuch aus ebendiesem Umfeld, Sie gelegentlich belehren zu wollen, schlechterdings nicht zu ertragen. So sind Konflikte vorprogrammiert, die von 60ern gerne durch Aussagen wie **„Dashamwirschonimmersogemacht"** oder **„Ichnichtmehr"** abgeblockt werden. Das ist oft für das Social Standing wenig hilfreich und kann durch Defensivtaktiken wie „Schwerhörigkeit" mit gleichbleibendem Erfolg ersetzt werden.

Wer nichts hört, kann eben schlecht etwas einsehen.

Leichter lässt sich ***Ruhe*** *nicht erkaufen!*

DER GROSSE AUSBLICK

Diagnose 60 ist, man kann es nach dieser gründlichen Anamnese nicht anders feststellen, mehr ein Geschenk als eine Gefahr. Mit dieser Zeitmarke scheint der menschliche Organismus ein finales Entwicklungsstadium zu erreichen, auf dem er viele Jahre stabil und **ohne unnötige Zwänge die besten Jahre seines Lebens genießen** kann.

Dank der wenig fundierten und von Vorurteilen geprägten Sicht jüngerer Mitmenschen auf diesen neuen Lebensabschnitt bleiben Ihnen trotz hoher Leistungsfähigkeit und Vitalität viele Belastungen und Erwartungen erspart.

Die Befreiung aus konventionellen Fesseln soll, muss Ihnen Anreiz sein, das Leben jenseits des Hamsterrads und der Ameisenbahn neu zu entdecken.

Auch wenn es sich anfänglich ein wenig ungewohnt anfühlt, kann der Mut zum Unerwarteten Ihnen die Erfahrungen schenken, die in dem schon reich damit gefüllten Korb Ihres Lebens vielleicht noch fehlen mögen.

ABSCHLUSSTEST: KANN ICH **60?**

Sie sind nun 60.
Wer soll mit Ihnen die nächsten Geburtstage feiern?

A. Prinz William, Mette-Marit oder andere von königlichem Geschlecht.

B. Die Familie. Am liebsten dann mit ganz kleinen, neuen Mitgliedern, die noch nicht sprechen können und mir den Tag nicht mit ihren Launen und guten Ratschlägen verderben.

C. Das Fachärzteteam meiner Lieblingsprivatklinik. Sicher ist sicher.

D. Jemand, der die Sause dann bezahlt.

Was wird sich nun in Ihrem Leben ändern?

A. Ich werde meine Haltung zu einigen Personen hinterfragen müssen. Besonders zu Mitgliedern des norwegischen Königshauses.

B. Mein Testament. Ab sofort in turnusmäßigen Abständen.

C. Meine Blutfettwerte. Da ist noch Luft nach oben.

D. Meine Ausgaben, um mich schon mal für die Altersarmut im Ruhestand zu trainieren.

Was wünschen Sie sich für die Zukunft?

A. Einen König in Deutschland. Und eine Prinzessin! Seufz!

B. Ein paar neue Schwiegerkinder. Vielleicht auch mal eines mit einem Gehirn und Manieren.

C. Eine neue Hüfte, vielleicht ein paar Korrekturen am Po und der Nase.

D. Einen 6er im Lotto. Auch wenn ich gar nicht spiele, weil ich muss ja das Geld sparen.

Welches Ziel möchten Sie noch erreichen?

A. Einen Besuch beim Wiener Opernball als Gast von „Mörtel" Lugner.

B. Ein paar Scheidungen will ich schon noch auf die Bahn bringen.

C. Gerne 10 Kilo weniger bei einem Körperfettanteil unter 10 %.

D. Die 250.000-Euro-Festgeld-Linie.

AUSWERTUNG:

A. *Danke, dass Sie für uns das Geschehen in den Königshäusern so akribisch beobachten. Sollte Ihnen hier etwas spanisch vorkommen, melden Sie das bitte sofort an König Charles oder ein anderes Adelshaus Ihrer Wahl.*

B. *Achtung! Beachten Sie zukünftig folgende existenzielle Regel: Seien Sie nett zu Ihren Kindern, sie suchen später das Heim für Sie aus!*

C. *Sie sind auf einem guten Weg. Weiter so! Einzige Einschränkung, meiden Sie den Blick in den Spiegel. Ansonsten viel Schönheit und Jugend wünscht Ihnen Ihr Dorian Gray.*

D. *Ihre Verschwendungssucht wird Sie noch in den Schuldturm treiben. Handeln Sie jetzt. Kündigen Sie Ihre Wohnung, ziehen Sie unter eine Brücke. Nur so entgehen Sie der Verarmung und einem Leben auf der Straße … äh … ja … genau!*

DIAGNOSE 60

ÄRZTLICHE EMPFEHLUNGEN

FÜR EIN LEBEN MIT **DIAGNOSE 60**

- ***Gehen Sie am Stock!*** *Zeigen Sie Ihrem Umfeld, dass es Zeit wird, Ihnen alles abzunehmen, was Sie nicht vom Sofa aus regeln können.*

- ***Rauchen Sie Cannabis!*** *Das erwartet man von Senioren des 21. Jahrhunderts. Und Spaß macht es obendrein.*

- ***Verweigern Sie das Internet!*** *Ziehen Sie sich auf die Medien und die Informationsquellen Ihrer Jugend zurück. Das erspart Ihnen viele desillusionierende Begegnungen auf Facebook mit Menschen, die Sie mal für Freunde hielten.*

* **Schreiben Sie in Sütterlin!** *Oder lernen Sie es jetzt und schreiben Sie dann Briefe mit Feder und Tinte auf Papier. Der Inhalt kann explizit sexistisch oder beleidigend sein, das ist völlig egal, der Adressat wird es einfach nur voll süß finden, Post aus der Vergangenheit zu erhalten. Und lesen kann das dann sowieso niemand!*

* **Melden Sie sich krank!** *Die lange Reise in den Vorruhestand beginnt. Keine falsche Scham. Viele Arbeitgeber sind gar nicht so undankbar, Sie endlich durch eine KI oder App ersetzen zu können.*

* **Reaktivieren Sie Ihren Videorecorder!** *Außerdem auch Ihren Plattenspieler und das Tapedeck. Vielleicht finden Sie ja im Keller auch noch Ihren Commodore oder Atari ST. Mixtapes, Singles, Disketten, wow! Nie waren Zeitreisen leichter und günstiger zu organisieren.*

* **Gehen Sie nicht mehr vor 3:00 Uhr morgens ins Bett!** *„Die Nacht zum Tag machen", das Topkonzept für viel Spaß und Abenteuer im ersten Lebensdrittel, feiert nun unter der neuen Dachmarke „senile Bettflucht" eine Renaissance, nur ohne Clubs und Kellerpartys. Dafür mit Rotwein und belgischen Pralinen. Geht auch!*

* **Machen Sie eine Kreuzfahrt!** *Und wenn es Ihnen gefällt, versuchen Sie bei der Reederei als Teil des Bühnenprogramms anzuheuern. Auch dort ist man chronisch unterbesetzt und freut sich über jeden Quereinsteiger. Ein paar Zaubertricks, ein bisschen Seelen-Yoga, Ihnen fällt schon was ein, um ein Leben auf hoher See zu beginnen. Ahoi!*

Abschlussbericht DIAGNOSE 60

*Ihre Diagnose **60** ist positiv.*
Ihr Befall ist gutartig.

Die Prognose ist exzellent, wenn Sie im Laufe des fortschreitenden Prozesses auf Ihre körperliche und geistige Gesundheit achten.

Vermeiden Sie zukünftig innerliche Fehlhaltungen wie „Früh aufstehen“ oder „Vernünftig sein“.

Gönnen Sie sich auch mal alles, was Sie sich früher nicht leisten konnten. Wofür war denn der ganze Aufriss gut, wenn nicht dafür?

Überprüfen Sie Ihr tägliches Handeln unter den medizinischen Gesichtspunkten „Macht das Spaß?“, „Muss das sein?“, „Warum ich?“, und sehen Sie erstaunt, dass sich alles von selbst erledigt, wenn man sich einfach mal nicht darum kümmert.

Wir freuen uns auf die Routineuntersuchung zu Ihrem 61. Geburtstag.

Bis dahin alles Gute!
Ihr Diagnose-Team

Ihre persönliche Arbeitsunfähigkeitsbescheinigung

Sollten Sie am Tag nach Ihrer Geburtstagsfeier arbeiten müssen, trennen Sie einfach dieses ärztliche Attest aus dem Buch und schicken es mit den besten Grüßen an Ihren Arbeitgeber:

Krankenkasse bzw. Kostenträger

Name, Vorname des Versicherten

geb. am

Kostenträgerkennung | Versicherten-Nr. | Status

Betriebsstätten-Nr. | Arzt-Nr. | Datum

Arbeitsunfähigkeits-bescheinigung **1**

☐ **Erstbescheinigung**

☐ **Folgebescheinigung**

☐ Arbeitsunfall, Arbeitsunfall-folgen, Berufskrankheit

☐ dem Durchgangsarzt zugewiesen

arbeitsunfähig seit

voraussichtlich arbeitsunfähig bis einschließlich oder letzter Tag der Arbeitsunfähigkeit

festgestellt am

Prof. Dr. Plassebow
Facharzt für Geriatrie u.
Geburtstagsheilkunde
Birsdäi-Weg 50
26777 Kleinkleckersdorf

Vertragsarztstempel / Unterschrift des Arztes

Ausfertigung zur Vorlage bei der Krankenkasse

AU-begründende Diagnose(n)

W IM A 08/15 Postpartyales Schädeltrauma, Aspirinitis
R2D2 partieller Gedächtnisverlust (»Filmriss«), desorientiert, außerstande, das Haus zu verlassen
U2ME2 Kissen-Koma. Muskelversagen. Horizontale Beckenendlage
ER OR 404 multiple Organstörungen. Sehschwäche, Standschwäche, Übelkeit
0 BCK depressive Antriebsschwäche. Motivationssturz. Kündigungsgedanken
D 50 Anstieg Alteisenwerte im Blut. Mangel an Frischzellen.
Altenteilensis fortex 4 GETIT, vorübergehende halluzinogene Vorstellungen von Ruhestand, Freizeit, Rente

Im Krankengeldfall ☐ ab 7. AU-Woche oder sonstiger Krankengeldfall ☐ Endbescheinigung